FICHA CATALOGRÁFICA

(Preparada na Editora)

Xavier, Francisco Cândido, 1910-2002.

X19a   Atenção / Francisco Cândido Xavier, Espírito de Emmanuel. Araras, SP, 22ª edição, IDE, 2010.

128 p.: il.

ISBN: 978-65-86112-48-1

1. Espiritismo 2. Psicografia - Mensagens. I. Emmanuel. II. Título.

CDD -133.9

-133.91

Índices para catálogo sistemático:

1. Espiritismo 133.9
2. Psicografia: Espiritismo 133.91

ATENÇÃO

ISBN 978-65-86112-48-1
23ª edição - agosto/2023
1ª reimpressão - agosto/2024

Copyright@1986,
Instituto de Difusão Espírita - IDE

Conselho Editorial:
Doralice Scanavini Volk
Wilson Frungilo Júnior

Produção e Coordenação:
Jairo Lorenzeti

Capa:
Samuel Carminatti Ferrari

Diagramação:
Maria Isabel Estéfano Rissi

Parceiro de distribuição:
Instituto Beneficente Boa Nova
Fone: (17) 3531-4444
www.boanova.net
boanova@boanova.net

INSTITUTO DE DIFUSÃO ESPÍRITA - IDE
Rua Emílio Ferreira, 177 - Centro
CEP 13600-092 - Araras/SP - Brasil
Fones (19) 3543-2400 e 3541-5215
CNPJ 44.220.101/0001-43
Inscrição Estadual 182.010.405.118
www.ideeditora.com.br
editorial@ideeditora.com.br

Todos os direitos reservados. Nenhuma parte desta publicação pode ser reproduzida, armazenada ou transmitida, total ou parcialmente, por quaisquer métodos ou processos, sem autorização do detentor do copyright.

EMMANUEL
CHICO XAVIER

ATENÇÃO

Sumário

1 - Esperança constante 11

2 - Notas de cada dia 15

3 - Ante a indulgência divina 19

4 - Compreensão e vida 23

5 - Notas de bem viver 27

6 - Imperativo da paciência 31

7 - Abençoa e passa 35

8 - Ante a cólera 39

9 - Não fujas 43

10 - Tolera construindo 47

11 - Ante o ofensor 51

12 - Instante de luz 55

13 - Caridade para conosco 59

14 - De lá para cá 63

15 - Diante do lar 67

16 - Pensar para entender 71

17 - Valores ocultos 75

18 - Pequeninas grandes dádivas............... 79

19 - Vida e futuro...............83

20 - Confia, serve e segue 87

Francisco Cândico Xavier 91

Chico Xavier

Amigo leitor

REALMENTE SÃO MUITOS OS COMPANHEIROS QUE nos escrevem, solicitando algumas páginas que nos premunam, na Terra, contra a violência e o suicídio, a agressividade exagerada e a delinquência.

Como fazer crer aos amigos do Plano Físico que semelhantes desequilíbrios geram calamidades e sofrimentos de longa extensão em existências futuras?

Eis porque este livro, claramente simples, é constituído por páginas de fraternidade e entendimento, considerando-se que, muitas vezes, as ações impensadas nascem de fadiga e precipitação e quase nunca de maldade manifesta.

Estamos convencidos de que grande maioria dos nossos irmãos que se atiram aos precipícios do desespero ou do suicídio agem assim tão-só porque lhes faltem alguns momentos de reflexão mais dilatada.

Pensando nisso, e rogando ao Senhor Jesus nos ilumine e nos esclareça, tomamos a liberdade de doar a este volume despretensioso o nome de "ATENÇÃO".

EMMANUEL

Uberaba, 14 de março de 1981.

1
Esperança constante

O PESSIMISMO É UMA ESPÉCIE DE TAXA PESADA e desnecessária sobre o zelo que a responsabilidade nos impõe, induzindo-nos à aflição inútil.

Atenção, sim.

Derrotismo, não.

Para que nos livremos de semelhante flagelo, no campo íntimo, é aconselhável desfixar o pensamento, muitas vezes, colado a detalhes ainda sombrios da estrada evolutiva.

Para que se sustente desperto o entendimento,

quanto à essa verdade, recordemos as bênçãos que excedem largamente às nossas pequenas e transitórias dificuldades.

É inegável que o materialismo passou a dominar muita gente, perante o avanço tecnológico da atualidade terrestre; contudo, existem admiráveis multidões de criaturas, em cujos corações a fé se irradia por facho resplendente, iluminando a construção do mundo novo.

As enfermidades ainda apresentam quadros tristes nos agrupamentos humanos; no entanto, é justo considerar que a ciência já liquidou várias moléstias, dantes julgadas irreversíveis, anulando-lhes o perigo com a imunização e com as providências adequadas.

Destacam-se muitos empreiteiros da guerra, tumultuando coletividades; todavia, os obreiros da paz se movimentam em todas as direções.

Muitos lares se desorganizam; mas outros muitos se sustentam consolidados no equilíbrio e na educação, mantendo a segurança entre os homens.

Grande número de mulheres se ausentam da maternidade; entretanto, legiões de irmãs abnegadas se revelam fiéis ao mais elevado trabalho feminino no Planeta, guardando-se na condição de mães admiráveis no devotamento ao grupo doméstico.

Os processos de violência aumentam, quase que em toda parte; ampliam-se, porém, as frentes de amor ao próximo que os extinguem.

Anotando as tribulações que se desdobram no Plano Físico, não digas que o mundo está perdido.

Enumera as bênçãos de Deus que enxameiam, em torno de ti.

E se atrevessas regiões de trevas, que se te afiguram túneis de sofrimento e desolação, nos quais centenas ou milhares de pessoas perderam a noção da luz, é natural que não consigas transformar-te num sol que flameje no caminho para todos, mas podes claramente acender um fósforo de esperança.

Chico Xavier

2
Notas de cada dia

CONVENCE-TE DE QUE NÃO EXISTEM MALES
eternos.

Toda dor chega e passa.

O dia é sempre novo para quem trabalha.

Não conserves ressentimentos.

A desilusão de agora será bênção depois.

A dificuldade é uma escola.

Servir é um privilégio.

Auxilia para o bem.

Nada reclames.

Gritos não valem.

Queixas não apagam dívidas.

Tristeza inerte é sinônimo de tempo perdido.

A paciência operosa realiza prodígios.

Fala acendendo a luz da esperança.

Esquece as ofensas, quaisquer que sejam.

Agressores são doentes a serem medicados pelos recursos de Deus.

Não menosprezes a crítica.

Valoriza os amigos.

Respeita os adversários.

Resguarda a consciência tranquila.

Exerce a beneficência por dever.

Hoje auxiliamos, amanhã seremos os necessitados de auxílio.

Não cobres tributos de gratidão.

Agradeçamos as bênçãos que Deus nos concede gratuitamente.

Prestigia a existência que a Sabedoria Divina te concedeu.

Muito importante recordar que, na morte, todos encontramos, antes de tudo, aquilo que fizemos da própria vida.

Olvida contrariedades, trabalhando e servindo sempre.

E, à frente de quaisquer obstáculos ou de quaisquer desenganos, não te esqueças de que o tempo de hoje continuará no amanhã.

Chico Xavier

3

Ante a indulgência divina

INDUZIDOS À INTEMPERANÇA MENTAL, A EX-
plodir dentro de nós por vulcão de loucura, medite-
mos na Indulgência Divina, para que não venhamos
a cair nos desajustes da intolerância.

Achávamo-nos, ontem, desarvorados e oprimi-
dos no torvelinho das trevas.

O Senhor, porém, nos concedeu novo dia para
recomeçar a grande ascensão à luz.

Estávamos paralíticos na recapitulação incessante de nossos desequilíbrios.

Restituiu-nos a faculdade do movimento com os pés e as mãos livres para o reequilíbrio que nos compete.

Sofríamos desilusão e cegueira.

Reformou-nos a esperança e a visão com que assimilamos as novas experiências.

Jazíamos desassisados na sombra.

Reconduziu-nos à posse da integridade espiritual.

Padecíamos a desesperação a desgovernar-nos o verbo, através de atitudes blasfematórias.

Investiu-nos, de novo, com o poder de falar acertadamente.

Vitimava-nos a surdez, nascida de nossa rebelião perante a Lei.

Dotou-nos de abençoados ouvidos com que possamos assinalar as novas lições do socorro espiritual.

Procedíamos à conta de infelizes alienados, nas regiões inferiores, materializando em torno de nós as telas dos próprios erros e eternizando assim, o contato com os desafetos de nossa própria vida.

Concedeu-nos, porém, a Divina Bondade a bênção do lar e da provação, da responsabilidade e do trabalho em comum, nos quais tornamos à associação com os nossos adversários do pretérito para convertê-los, ao sol do amor, em laços de elevação para o futuro.

Não olvides a tolerância de Jesus, o nosso Eterno Amigo, que nos suporta há milênios, amparando-nos o coração, através de mil modos, em cada passo do dia, e por gratidão a Ele, que não vacilou em aceitar a própria cruz para testemunhar-nos benevolência, sejamos aprendizes autênticos da fraternidade, porquanto somente no perdão incondicional de nossas faltas recíprocas, conseguiremos atender-lhe ao apelo inolvidável:

– *"Amai-vos uns aos outros como eu vos amei"*.

Chico Xavier

4
Compreensão e vida

PESQUISEMOS OS PRÓPRIOS SENTIMENTOS E VE-rificaremos quão difícil se nos faz a renovação íntima.

Quantas vezes, no mundo, teremos sentido a inconveniência de certos hábitos com manifesta incapacidade para desvencilhar-nos deles?

Em quantas ocasiões, sabíamos previamente quanto nos doeriam as consequências de determinada ação infeliz e a ela nos atiramos para o nosso próprio sofrimento?

Referimo-nos ao assunto para destacar o impositivo da tolerância.

Ante os irmãos que te pareçam afastados do caminho que a vida lhes marcou, não lhes condenes a trajetória.

Ao invés disso, auxilia-os, através da providência que lhes consiga aliviar a carga das obrigações assumidas e com a boa palavra que lhes desanuvie o espírito atribulado.

Esse errou sob a pressão das necessidades de ordem material; aquele cedeu a tentações que se lhe figuravam irremovíveis; outro penetrou nos labirintos da culpa, acreditando-se sob graves constrangimentos no campo doméstico; e ainda outro conhecia a extensão do problema em que se emaranhava, entretanto, de momento, não encontrou forças, em si próprio, a fim de livrar-se dele.

Ampara-os, quanto possas.

Não será com aspereza que lhes reasseguraremos a tranquilidade, tanto quanto não será espancando uma ferida que lhe conseguiremos a cura.

O remédio destinado à recuperação do corpo é o símbolo do amor com que nos será possível reajustar a harmonia da alma doente.

O medicamento age, dose a dose.

O amor opera, gesto a gesto.

Diante dos companheiros de experiência na Terra, estende-lhes a beneficência da compreensão que lhes reerga o entendimento na estrada que lhes cabe trilhar.

Se não conseguimos, de imediato, fazer de nós aquilo que mais desejamos e se, muitas vezes, no Plano Físico, escapamos das piores situações, a preço de lágrimas, não será justo exigir dos outros uma condição diferente da nossa.

À frente do irmão considerado em desvalimento, em vista desse ou daquele erro por ele cometido, compadece-te e auxilia-o para que se retome no equilíbrio próprio, porquanto, habitualmente, onde o próximo terá surpreendido a pedra de alguma dificuldade, ainda hoje, essa mesma dificuldade poderá, talvez, transformar-se no grande obstáculo que nos fará cair amanhã.

Chico Xavier

5

Notas de bem viver

Por maiores sejam os obstáculos, procura doar o melhor de ti, na execução das tarefas que te cabem.

Se erraste, recomeça.

Se caíres, pensa em tua condição de criatura humana, reajusta as próprias emoções e reergueste para caminhar adiante.

Desânimo, em muitos casos, é ausência de aceitação do que ainda somos, ante a pressa de ser o que outros, pelo esforço próprio nas estradas do tempo, já conseguem ser.

Coragem é a força que nasce da nossa própria disposição de aprender e de servir.

Não te ausentes dos próprios encargos.

Dever cumprido é passaporte ao direito que anseias usufruir.

Não acredites em felicidade no campo íntimo, sem o teu próprio trabalho para construí-la.

Toda realização nobre se levanta na base da perseverança no bem.

Compadece-te dos que, por ventura, te firam e, ao recordá-los exerce a bondade sem ressentimento.

Não exijas de ninguém a obrigação de seguir-te os modelos de vida e pensamento.

Protege as crianças tanto quanto se te faça possível, mas não te tortures ante a escolha dos adultos que esperam de ti o respeito às experiências deles, tanto quanto reclamas o acatamento alheio para com as tuas.

Distribui otimismo e simpatia.

Irritação não edifica.

Não percas tempo com lamentações inúteis, reconhecendo que há sempre alguém a quem podes beneficiar com essa ou aquela migalha de apoio e generosidade.

Deixa algum sinal de alegria, onde passes.

Quando os problemas do cotidiano se te façam difíceis, ao invés de inconformação ou de azedume, usa a paciência.

Sempre que necessário, empenha-te a ouvir esse ou aquele assunto, com mais atenção para que possas compreender isso ou aquilo com mais segurança.

Lembra-te de que falando ou silenciando, sempre é possível fazer algum bem.

Grande entendimento demonstra a criatura que vive a própria vida do melhor modo que se lhe faça possível, concedendo aos outros o dom de viverem a vida que lhes é própria, como melhor lhes pareça.

Chico Xavier

6
Imperativo da paciência

PROVÁVEL QUE RAROS AMIGOS PENSEM NISTO: paciência por imunização contra o suicídio.

Nas áreas da atividade humana, bastas vezes, surgem para a criatura determinados topos de provação para cuja travessia, nem sempre bastará o conhecimento superior. É necessário que a alma se apoie no bastão invisível da paciência, a fim de não resvalar em sofrimentos maiores.

Eis porque nos permitimos endereçar reiterados apelos aos irmãos domiciliados no Plano Físico a fim de que se dediquem ao cultivo da compreensão.

Se te encontras sob o impacto de conflitos domésticos, ante aqueles que se façam campo de vibrações negativas, usa a tolerância, quanto possível, em auxílio à segurança da equipe familiar a que te vinculas.

Nas decepções, sejam quais forem, reflete no valor da ponderação em teu próprio benefício.

Diante de golpes que te sejam desfechados, esquece injúrias e agravos e pensa nas oportunidades do trabalho que se te farão apoio defensivo contra o desespero.

Sob acusações que reconheces imerecidas, olvida o mal e não alimentes o fogo da discórdia.

Quando te falte atividade profissional, continua agindo, tanto quanto puderes, nas tarefas de auxílio espontâneo aos outros, aprendendo que atividade nobre atrai atividades nobres, e com isso, para breve, te reconhecerás em novos posicionamentos de serviço, segundo as tuas necessidades.

Se o desânimo te ameaça por esse ou aquele motivo, recorda a importância de teu concurso fraterno, em apoio de alguém, e não te dês ao luxo de paradas improdutivas.

Em qualquer obstáculo a transpor no caminho, conserva a paciência por escora e guia e, de pensamento confiante na Divina Providência, seguirás adiante, afastando para longe a tentação da fuga e reconhecendo, em tempo estreito, que há sempre um futuro melhor para cada um de nós e que, em todas as tribulações da existência, vale a pena esperar pelo socorro de Deus.

Chico Xavier

7
Abençoa e passa

Não basta recear a violência. É preciso algo fazer para erradicá-la.

Indubitavelmente, as medidas de repressão, mantidas pelos dispositivos legais do mundo, são recursos que a limitam, entretanto, nós todos, – os espíritos encarnados e desencarnados, – com vínculos na Terra, podemos colaborar na solução do problema.

Compadeçamo-nos dos irmãos envolvidos nas sombras da delinquência, a fim de que se nos inclinem os sentimentos para a indulgência e para a compreensão.

Tanto quanto puderes, não participes de boatos ou de julgamentos precipitados, em torno de situações e pessoas.

Silencia ante quaisquer palavras agressivas que te forem dirigidas, onde estejas, e segue adiante, buscando o endereço das próprias obrigações.

Não eleves o tom de voz, entremostrando superioridade, à frente dos outros.

Não te entregues a manifestações de azedume e revolta, mesmo quando sintas, por dentro da própria alma, o gosto amargo dessa ou daquela desilusão.

Respeita a carência alheia e não provoques aos irmãos ignorantes ou infelizes com a exibição das disponibilidades que os Desígnios Divinos te confiaram para determinadas aplicações louváveis e justas.

Ao invés de criticar, procura o lado melhor das criaturas e das ocorrências, de modo a construíres o bem, onde estiveres.

Auxilia para a elevação, abençoando sempre.

Lembra-te: o morrão aceso é capaz de gerar incêndios calamitosos e, às vezes, um gesto infeliz de nossa parte pode suscitar nos outros as piores reações de vandalismo e destruição.

Chico Xavier

8

Ante a cólera

JUSTO FIGUREMOS A CÓLERA, TITULANDO-A com algumas definições, como sejam:

Força descontrolada.

Precipitação em doença.

Acesso de loucura.

Queda em desequilíbrio.

Tomada para a obsessão.

Impulso à desencarnação prematura.

Perigo de criminalidade.

Introdução à culpa.

Descida ao remorso.

Explosão de orgulho.

Tempestade magnética.

Fogo mental.

Pancadaria vibratória.

Desagregação de energias.

Perda de tempo.

Indubitavelmente, todos nós – as criaturas encarnadas e desencarnadas, em evolução na Terra – estamos ainda sujeitos a essa calamidade do mundo íntimo, razão pela qual toda vez em que nos sintamos ameaçados por irritação ou azedume, é prudente nos recolhamos a recanto pacífico, a fim de refletir nas necessidades do próximo e lavar os pensamentos nas fontes da oração.

"Finalmente, sede todos de igual ânimo, compadecidos, fraternalmente amigos, misericordiosos, humildes."

Pedro (I Pedro, 3:8).

Chico Xavier

9

Não fujas

QUANDO AS SOMBRAS DA PROVAÇÃO SE TE adensem, ao redor dos passos, permanece firme na confiança em Deus e em ti mesmo, seguindo adiante nas tarefas que abraçaste na seara do bem.

Não existem tribulações infindáveis.

Sobretudo, não te omitas.

Aceita os encargos que as circunstâncias te impõem, buscando cumpri-los com o melhor ao teu alcance.

Não te aflijam dificuldades.

Anota as bênçãos de que dispões.

Conserva-te fiel às próprias obrigações, na certeza de que a Divina Providência te oferecerá os recursos precisos para que qualquer desequilíbrio desapareça.

Desapega-te de toda ideia do mal.

Abençoa a quantos não raciocinem por teus princípios.

Muitas vezes, os adversários de hoje, se soubermos respeitá-los com sinceridade, estarão possivelmente amanhã na fileira de nossos melhores benfeitores.

Não te lamentes.

O aguaceiro que te incomoda é apoio da natureza para que não te falte o pão indispensável à vida.

Não exijas dos outros qualidades que ainda não possuem.

A árvore nascente aguarda-te a bondade e a tolerância para que te possa ofertar os próprios frutos em tempo certo.

Por mais ásperos se te mostrem os obstáculos da estrada, segue adiante.

Se alguém te feriu, desculpa e prossegue à frente.

Não procures na morte provocada o esquecimento que a morte não te pode dar.

Não fujas dos problemas com que a vida te instrui.

A vida, como a fizeres, estará contigo em qualquer parte.

Lembra-te sempre: cada dia nasce de novo amanhecer.

Chico Xavier

10

Tolera construindo

QUANTO MAIS VIOLÊNCIA NO MUNDO, EM TORno de nós, mais alta a nossa necessidade de tolerância para que se lhe reduzam os impactos destrutivos.

Quanto puderes, nas áreas de ação que te digam respeito, amplia os teus investimentos de compreensão e paciência, na garantia da paz e da segurança onde estejas.

Certo companheiro terá faltado ao pagamento dessa ou daquela importância que te é devida.

Se não te encontras sob o domínio de necessidades prementes, compadece-te dele e aguarda mais tempo.

Terá ele sofrido tribulações que desconheces.

Na rua, possivelmente, alguém te dirigiu palavras injuriosas que te espancaram a sensibilidade.

Silencia em oração, pedindo à Divina Providência auxílio e entendimento, a benefício daqueles que te agridam.

As pessoas que te insultam com certeza se comportam sob o jugo de sofrimentos que nunca experimentaste.

Determinado amigo se te atravessou na estrada, empalmando-te recurso para cuja aquisição definitiva te sacrificaste longamente.

Nada reclames.

Provavelmente, estará ele conturbado por débitos de resgate urgente que o fazem esquecer as alegrias e os deveres da amizade.

Pessoa particularmente querida te haverá deixado a sós, na execução de compromissos assumidos.

Não te revoltes e continua agindo e servindo.

Semelhante criatura estará sob transtornos e dificuldades do sentimento e da vida, esperando-te a paciência e a bondade para não cair no poço da delinquência.

Compadece-te dos outros, auxilia-os quanto possas, ora e caminha adiante.

Nunca retribuas mal por mal.

Contribui com a tua parcela de amor para que o ódio desapareça.

Se os danos por ti sofridos, nessa ou naquela situação calamitosa, forem de tão grande porte que te inclines para qualquer providência punitiva, esquece o mal e perdoa os agravos mesmo assim, recordando que, em toda parte, se cumprem espontaneamente os processos da Justiça de Deus.

Chico Xavier

11

Ante o ofensor

AQUELE QUE NOS FERE TERÁ ASSUMIDO, AOS nossos olhos, a feição de inimigo terrível, no entanto, o Divino Mestre que tomamos por guia de nosso pensamento e conduta, determina venhamos a perdoá-lo setenta vezes sete.

Por outro lado as ciências psicológicas da atualidade, absolutamente concordes com Jesus, asseveram que é preciso desinibir o coração de quaisquer ressentimentos e estabelecer o equilíbrio na governança de nossas potências mentais a fim que a tranquilidade se nos expresse na existência em termos de saúde e harmonia.

Como, porém, realizar semelhante feito?

Entendendo-se que a compreensão não é fruto de afirmativas labiais, é forçoso reconhecer que o perdão exige operações profundas nas estruturas da consciência.

Se um problema desse nos aflora ao cotidiano, – à nós, os que aspiramos a seguir o Cristo, – pensemos primeiramente em nosso opositor na condição de filho de Deus, tanto quanto nós, e situando-nos no lugar dele, imaginemos em como estimaríamos que a Lei de Deus nos tratasse, em circunstâncias análogas.

De imediato observaremos que Deus está em nosso assunto desagradável tanto quanto um pai amoroso e sábio se encontra moralmente na contenda dos filhos.

Então, à luz do sentimento novo que nos brotará do ser, examinaremos espontaneamente até que ponto teremos ditado o comportamento do adversário para conosco.

Muito difícil nos vejamos com alguma parte de culpa nos sucessos indesejáveis de que nos fizemos vítimas, mas ao influxo da Divina Providência, a cujo patrocínio recorremos, ser-nos-á possível recordar os nossos próprios impulsos menos felizes, as sugestões delituosas que teremos lançado a esmo, as pequenas acusações indébitas e as diminutas desconsiderações que perpetramos, às vezes, até impensadamente, sobre o companheiro que não mais resistiu à persistência de nossas provocações, caindo, por fim, na situação de inimigo perante nós outros.

Efetuando o autoexame, a visão do montante de nossas falhas não mais nos permitirá emitir qualquer censura em prejuízo de alguém.

Muito pelo contrário, proclamaremos, de pronto, no mundo íntimo a urgente necessidade da Misericórdia Divina para o nosso adversário e para nós.

Então, não mais falaremos no singular, diante daquele que nos fere: – "eu te perdoo" – e sim, perante qualquer ofensor com que sejamos defrontados no caminho da vida, diremos sinceramente a Deus em oração: – *Pai de Infinita Bondade, perdoai a nós dois*.

Chico Xavier

12

Instante de Luz

PARA VENCER NO CAMPO DAS TRIBULAÇÕES, não admitas que a luz da fé se te formará no coração sem o combustível da experiência.

Muitas vezes, será ela em ti qual chama que se alimenta em óleo de lágrimas.

Por isso mesmo, em várias ocasiões, é possível que os obstáculos do caminho te sugiram deserção das tarefas por executar e dos ideais por atingir.

Em todos os óbices da marcha, não menosprezes a oportunidade de seguir adiante, ao encontro da própria sublimação para a Vida Superior.

Talvez hajas falido em compromissos que abraçaste e quase que te esmagas sob as dificuldades que se te antepõem ao imediato reajuste...

Perdeste afeições que julgavas invulneráveis e às quais empenhavas a própria existência...

Varaste desenganos...

Carregas prejuízos indébitos que te obrigam a longo tempo de trabalho em favor do resgate justo...

Alegrias de ontem converteram-se hoje em aflições difíceis de suportar...

E, possivelmente, viste a presença da morte, arrebatando-te entes queridos, cuja ausência te deixou a sensibilidade perdida sob a neblina do sofrimento...

Estejas como estiveres, não te percas na expectação inoperante e prossegue adiante, agindo e servindo, a bem dos outros, o que resultará sempre em benefício de ti próprio.

Embora de pés sangrando e mãos desfalecentes, continua adiante, trabalhando e construindo no erguimento da felicidade do próximo, porquanto a hora de crise é a hora de luz e o momento de revisão das nossas próprias fraquezas; além disso, a época de provação, para cada um de nós, é o ensejo de ampliar a nossa fé, já que nos lances obscuros do cotidiano, quando todos ou quase todos os recursos de sobrevivência nos pareçam falhos nas trilhas do tempo, se guardarmos atenção e paciência, acabamos por reconhecer que estamos todos sustentados pelo Amor Infinito, nos braços invisíveis de Deus.

Chico Xavier

13

Caridade para conosco

Não nos esqueçamos de que há também uma caridade que devemos a nós mesmos, a fim de que a caridade que venhamos a praticar, à frente do mundo, não se reduza a mera atitude de superfície.

Caridade que nos eduque no espírito do Senhor, cuja Doutrina de luz abraçamos com o pensamento e com os lábios e que, pouco a pouco, nos cabe esposar com toda a alma e coração.

Para exercê-la é preciso saibamos:

perdoar as faltas alheias sem desculpar-nos;

cooperar nas boas obras sem aguardar colaboração do companheiro;

ajudar aos que nos cercam sem esperar que nos retribuam;

dar do que temos e detemos sem cobrar o imposto da gratidão;

iluminar o caminho que nos é próprio, aprendendo a vencer as sombras que ainda se nos adensem ao redor;

calar para que outros falem;

defender os outros, sem procurar defender-nos;

humilharmo-nos, sem pedir que os outros se humilhem;

reconhecer nossas falhas e corrigi-las;

servir sem recompensa, nem mesmo a da compreensão que nos remunera com o salário do reconforto;

trabalhar incessantemente, sem aguardar aguilhões que nos constranjam ao desempenho dos deveres que nos competem;

sentir no irmão de experiência necessidades e dores iguais às nossas, para que a vaidade não nos induza à cegueira;

considerar a bondade constante do Senhor que opera sempre o melhor, em nosso benefício, e cultivar o reconhecimento a Ele, através do sacrifício, em favor daqueles que nos rodeiam.

Aperfeiçoarmo-nos por dentro é ajudar por fora com mais segurança e, como salvar significa recuperar com finalidades justas no trabalho comum, assim como oferecemos mão forte à árvore a fim de que ela cresça, frondeje e produza para o bem de todos, salvando-se da inutilidade, também o Senhor nos estende braços amigos para que nos aprimoremos, transformando-nos em instrumentos vivos de seu Infinito Amor, onde estivermos.

Chico Xavier

14
De lá para cá

Ninguém julgue que a morte represente salvo-conduto para a beatitude celeste.

Muitas existências em que o programa do bem padece frustração pela nossa rebeldia ou indiferença somente recolhem, depois do túmulo, a aflitiva purgação de nossos erros deliberados.

O inferno mental estabelecido por nós, dentro de nossas próprias almas, exige-nos o retorno à matéria densa para que as chamas do remorso ou do arrependimento se apaguem ao contato de novas lutas...

Aqui, é o usuário que deseja desvencilhar-se da obsessão do ouro usando a túnica da pobreza.

Ali é o tirano que se propõe a aprender humildade nas linhas do anonimato e da angústia.

Mais além, é o delinquente que suspira por reencontrar as vítimas de ontem a fim de resgatar os débitos contraídos.

Na conquista, porém, do recomeço, é indispensável se esforcem com devotamento e renúncia, por alcançar a reencarnação que os investirá na posse da oportunidade pretendida.

Para isso, empenham-se em rasgos de sacrifício, plantando entre os encarnados a bênção da simpatia, o indispensável passaporte para a estação do lar humano, em que se renovarão, à frente do progresso.

Eis porque, a experiência na Terra não representa mera aventura da alma e sim precioso tempo de aprendizado e serviço que não devemos menosprezar.

Pela instrumentalidade do Plano Físico, reaproximamo-nos de antigas dificuldades ou de passados desafetos para que a obra do amor se reajuste e se consolide, conosco e junto de nós.

Não menoscabes o ensejo de elevação que a atitude te confere.

A máquina fisiológica em que provisoriamente estagias pode ser uma escada para a esfera superior ou declive sutil para regiões expiatórias, dependendo de ti fazê-la degrau para a luz ou novo salto ao despenhadeiro da sombra.

Valoriza a existência terrestre e caminha para diante, convertendo a luta redentora em recurso de ascensão.

Recorda que o tempo é o mordomo fiel da vida e se a Bondade do Senhor te concedeu para hoje a riqueza do corpo físico, a justiça d'Ele mesmo, espera-te, amanhã, para a conta imprescindível.

Chico Xavier

15

Diante do lar

O LAR É O CENTRO DE NOSSAS ATIVIDADES NO mundo.

Efetivamente, a Terra é a nossa temporária residência na vida e a Humanidade é a nossa verdadeira equipe familiar.

Entretanto, no microcosmo doméstico, tens a lição e a bênção, a escola e a estação de cura.

É por isso que entre as quatro paredes da casa terrestre, encontramos, enquanto na experiência física, os mais obscuros problemas.

Aí dentro, no reduzido espaço de alguns metros, conhecemos o assalto do ciúme, o golpe da maledicência, o fel da incompreensão, a treva da calúnia, o vinagre da crítica, o frio da indiferença e a dor do cansaço, recolhendo, muita vez, pedras e espinhos de mãos queridas que desejaríamos viver osculando com inexcedível ternura.

No acanhado círculo da consanguinidade, surgem para a alma as mais aflitivas sugestões de fracasso e os mais fortes apelos ao desânimo.

Todavia, é também na intimidade desse anel de luta depuradora que surpreendemos abençoadas oportunidades de acrisolamento e ascensão.

Absorvendo-lhe o clima inquietante, à maneira do metal impuro, no cadinho regenerador, nosso espírito em lhe recebendo a lixívia de suor e lágrimas, alcança expressivos degraus de soerguimento, avançando para a Vida Maior.

Não desprezes as dificuldades e as crises que, porventura, te façam da casa um templo de purgação.

Usa a humildade e a paciência, a bondade e a

tolerância, no comportamento diário, trabalhando e amando, aprendendo e servindo, e o teu flagelado domicílio de hoje ser-te-á amanhã preciosa base, da qual poderás desferir os mais nobres voos de paz e sublimação para a Grande Vitória.

Chico Xavier

16
Pensar para entender

EM MATÉRIA DE TRABALHO, ACEITEMOS O LU-
gar de serviço que o Senhor nos concedeu, no campo terrestre, evitando a perda de tempo com queixas
desnecessárias.

Muitas vezes, é preciso raciocinar com calma, a
fim de compreendermos com segurança.

Não fossem os nossos grupos de irmãos, quando em conflito;

os companheiros da mediunidade nas ocasiões
em que se rendem a processos obsessivos;

os amigos hipnotizados por moléstias-fantasmas;

os enfermos necessitados de assistência espiritual;

os fronteiriços da loucura;

as vítimas da ingenuidade;

as pessoas que ainda se caracterizam por frágil estrutura psicológica, a exigirem compreensão, através de constantes diálogos;

os lares atormentados pelos débitos de existências passadas;

as criaturas amadas quando se envolvem nos distúrbios emotivos;

as tarefas abandonadas por irmãos diversos que as iniciaram sem ponderar os compromissos que assumiam;

os antagonismos entre espíritos nobres e prestimosos;

as incompreensões entre amigos generosos, mas irritadiços;

as almas caridosas, no entanto, ainda tisnadas por melindres e suscetibilidade;

os irmãos que se distanciam dos deveres que abraçam para serem solitários e infelizes;

e nós mesmos, com os desequilíbrios e tentações que, de um modo ou de outro nos assediam, o que justificaria a nossa condição de espíritos engajados no trabalho de Jesus Cristo?

Aqui nos achamos, no chão e na atmosfera do mundo, gravitando uns em torno dos outros, com os nossos próprios problemas a resolver e com as nossas dívidas a saldar.

Será por isso, talvez, que, em nos expressando no intercâmbio espiritual, tantas vezes nos referimos aos benefícios do trabalho, e, entendendo a complexidade dos nossos processos evolutivos e dos nossos anseios de elevação, convém-nos aceitar a prática do perdão recíproco e a obrigação de servir sempre, através do culto incessante da paciência.

Chico Xavier

17

Valores ocultos

MOSTRA-SE A VIDA TERRESTRE PLENA DE OPOR-
tunidades para o aperfeiçoamento íntimo da criatura, no entanto, até agora são ainda raros aqueles que
percebem semelhantes ocasiões.

Tempos difíceis: trechos de caminho, nos quais
a paciência e o devotamento ao trabalho podem ser
mais facilmente instalados nos recessos do espírito.

Enfermidade longa: curso aberto às aquisições
de humildade e autocontrole.

Provações em pessoas queridas: horas valiosas

que nos possibilitam mais amplos recursos no aprendizado da compreensão e do relacionamento.

Ofensas e prejuízos: momentos de elevada significação para nós todos, especialmente quando no Plano Físico, em que somos chamados, não apenas a perdoar, mas igualmente a refletir, quanto às nossas próprias deficiências, através das quais, muitos de nós, somos ainda suscetíveis de ferir ao próximo, embora, na maioria das vezes, impensadamente.

Tentações: minutos destacados para aulas de resistência ao desequilíbrio.

Propensão ao desânimo: instantes destinados ao desafio que verte de nós mesmos, concitando-nos ao esforço máximo, a fim de levantar a própria vontade ao nível de nossas responsabilidades e obrigações.

Erros e desacertos: momentos indicados à prática positiva de discernimento e autorreajuste.

Afastamento de criaturas amadas: ocasiões em que nos reconhecemos induzidos a demonstrar se amamos realmente aqueles a quem consagramos atenção e carinho ou se o nosso benquerer resulta de mero capricho.

Solicitações e apelos: parcelas de tempo, nas quais a vida nos pede notícias de nossas aplicações ao entendimento e ao espírito de serviço, à abnegação e à caridade.

Perturbação ambiente: quadro de ensino em que se nos faculta assinalar como vamos seguindo, nas trilhas da existência, em matéria de paz.

São estas algumas das situações impregnadas de valores ocultos, sempre dos mais importantes para o burilamento da alma, no educandário do mundo.

Entretanto, empreendemos unicamente a exposição delas, porquanto em lhes reconhecendo a complexidade, sabemos todos que aproveitá-las, ou não, depende da atitude e da escolha de cada um de nós.

Chico Xavier

18
Pequeninas grandes dádivas

A BENEFICÊNCIA POSSUI UMA LISTA DE PEQUE-ninas grandes dádivas, dentre as quais mencionamos algumas que não nos será lícito esquecer:

o auxílio, mesmo diminuto, nas tarefas socorristas;

algumas horas de trabalho espontâneo e gratuito, na execução das boas obras;

uma frase de esperança;

um gesto de otimismo;

o silêncio, perante qualquer toque de agressão;

ouvir perguntas infelizes com paciência;

aceitar os amigos como são, sem exigir que nos sigam em nosso modo de ser;

honrar os adversários com respeitoso apreço;

calar-se para que outros falem;

prestar serviço sem guardar atenções;

oferecer alguns minutos de reconforto aos doentes;

considerar a importância dos impulsos construtivos que comecem a surgir nos principiantes da fé;

esquecer boatos alarmantes;

algum ato de renúncia, em benefício da paz alheia;

apequenar-se para que os outros se destaquem;

um sorriso amigo que dissipe as nuvens da hora difícil;

rearticular essa ou aquela informação, sempre que preciso, sem perder o espírito de gentileza;

exercer tolerância e afabilidade dentro de casa, na mesma disposição com que se guardam semelhantes qualidades nos encontros sociais;

repetir as palavras *"desculpa-me"* e *"muito obrigado"* tantas vezes quantas se fazem necessárias, nas horas do dia-a-dia.

Na chamada beneficência menor, estão os agentes indispensáveis à edificação da caridade, porque, em se atendendo às pequeninas grandes dádivas, é que aprenderemos a distribuir as grandes dádivas, na seara do bem, como se fossem pequeninas.

Chico Xavier

19
Vida e futuro

Se o mundo não estivesse aguardando profissionais competentes e dignos do progresso, não se entenderia o esforço da escola.

Para que professores e pesquisas, disciplinas e exercícios se não houvesse o futuro?

De certo modo, sucede o mesmo com a Vida no Plano Físico e na vida Além da Morte.

Reconhecendo-se que a Espiritualidade superior espera criaturas habilitadas a concurso efetivo na construção do Mundo Melhor, observa-se claramente o imperativo de tribulações e dificuldades, problemas e conflitos nas áreas do homem, ante a função da existência terrestre como recurso de aperfeiçoamento.

É por isso que nós outros, – os amigos desencarnados, – volvemos ao intercâmbio espiritual, a fim de solicitar paciência e coragem aos irmãos corporificados na Terra.

Se te vês engajado numa tarefa que se te afigure superior às próprias forças, suporta com serenidade os deveres que te cabem, evitando reclamações e queixas que simplesmente se te fariam mais espinhoso o caminho a percorrer.

Se convives com familiares doentes ou perturbados, abençoa-os e assiste-os com bondade e tolerância, indagando de ti mesmo se não estarás ao lado daqueles mesmos irmãos que, em estâncias do pretérito, terás talvez atirado às sombras da doença e do desequilíbrio.

Se carregas compromissos que te parecem excessivamente pesados e que tomaste sem lhes sopesar as consequências, permanece neles sem rebeldia, para que não te responsabilizes por lesões e prejuízos no coração dos outros.

Se sofres num corpo enfermiço ou se adquiriste moléstias ou inibições dificilmente reversíveis, suporta com calma semelhantes constrangimentos, procurando reconhecer que te encontras nos resultados de tuas próprias escolhas, em passadas reencarnações.

Em qualquer prova, na qual, porventura, te encontres, arma-te de paciência e coragem e não abandones as obrigações que te competem.

Certifica-te de que o suicídio é sempre calamidade contra quem o executa.

A morte, como aniquilamento do ser, não existe. E a vida hoje para cada criatura será amanhã a continuidade dessa mesma vida com tudo aquilo que a criatura faça de si.

Chico Xavier

20

Confia, serve e segue

O CLARO NAS FILEIRAS!...

A saudade na marcha!...

Na jornada redentora da fé, monte acima, no encalço da meta, vislumbrada pelo ideal, sofres a separação dos companheiros queridos, como se trouxesses o coração traumatizado por dolorosa cirurgia.

Almejarias seguir à frente, com todos aqueles que abraçaste nas horas primeiras da confiança, quando a renovação amanhecia nas paisagens mais íntimas de tua alma, entretanto, à medida que avançam os ponteiros no relógio da experiência, fitas com mais sofrimentos e mais espanto, quantos te dizem adeus, no rumo de realizações outras, às vezes como se houvessem perdido a bússola que lhes norteava a existência.

Continuas trilha adiante, imaginando carrear aflitivas lesões ocultas, no entanto, é forçoso regeneres os próprios sentimentos nas fontes da compreensão, a fim de que te certifiques de que o amor não desapareceu.

Lembra-te de que nos caminhos da evolução e da vida, cada viajor transporta consigo necessidades e encargos diferentes, conquanto se identifiquem todos no mesmo objetivo por atingir.

Esse é induzido a recolher alguém que permanece à distância, outro deve buscar determinada afeição pela qual se responsabiliza, aquele outro precisa afastar-se temporariamente do grupo para resgatar certa conta, a fim de prosseguir mais tarde, estrada afora, sem qualquer conflito de consciência.

Temos ainda os que se fatigaram no trabalho e exigem a pausa do descanso, os que adoeceram do ponto de vista espiritual e requisitam hospitalização na retaguarda e outros que foram chamados por ordem do Plano Superior, ao desempenho de tarefas cujas finalidades não nos é dado, de pronto, perceber.

Não mentalizes decepções, deserções, desenganos e desencantos.

Abençoa a todos os companheiros de serviço e de esperança que assumem posição diversa da tua e afervora-te, cada vez mais, na execução da tarefa que a fé te reservou, reconhecendo que a Divina Providência a todos nos enxerga e acompanha sem desamparar a nenhum de nós.

E confia, serve e segue para diante, oferecendo aos outros o melhor de ti mesmo e doando à vida o melhor que possas, porque um dia todos nos reuniremos, no País da Perfeita Fraternidade, sem lágrimas da consciência e sem angústias da morte, nas eternas alegrias do Amor de Deus.

Chico Xavier

FRANCISCO CÂNDIDO XAVIER

Em Pedro Leopoldo, Minas Gerais, morava um casal humilde, como tantos outros casais do interior. Ele, João Cândido Xavier, operário de profissão, vendedor de bilhetes de loteria nos momentos de aperto. Isto é, durante o ano inteiro. Sua mulher, dona Maria João de Deus, de prendas domésticas. Mãe de família na velha tradição mineira. Dedicada ao lar, paparicando os filhos, ensinando-os a rezar de mãos postas. Ambos católicos. Por educação e fé. Viviam cheios de filhos, de pobreza e de harmonia, numa pequena casa térrea. Foi ali que, a 2 de abril de 1910, nasceu um menino, que na pia batismal recebeu o nome de Francisco. Na certa, em homenagem ao humílimo e pobrezinho santo de Assis.

A vida da família seguia serena. Os filhos, agora, já eram nove. Chico crescia como qualquer moleque do interior. Corria pelo quintal, brincava e subia em árvores, de pés descalços, peito nu, aguçando os ouvidos quando o apito estridente da maria fumaça ecoava por aquelas lonjuras. Livre como os pássaros. Estava com cinco anos e, como qualquer criança normal dessa idade, sentia-se irresponsavelmente feliz.

Então, surgiu o inesperado: dona Maria João adoece. A princípio, parecia coisa passageira. A doença, porém, progrediu rapidamente, e ela já pressentia o toque frio da foice da morte. Como a família viveria? João Cândido, inveterado sonhador, achava-se desempregado. Sobrevivia apenas à custa dos bilhetes de loteria. A praça era pobre e ele arriscou-se pelas cidades maiores da redondeza: Sabará, Conceição do Mato Dentro, Curvelo.

Preocupada, dona Maria João decidiu distribuir os filhos por parentes e amigos, que se dispuseram a criá-los.

"Eu estava de pé, no pé da cama, e o queixo encostado na madeira. Na cabeceira do leito, minha mãe me olhava. E eu lhe disse palavras muito duras para um menino. 'Por que a senhora, mamãe, está dando seus filhos para os outros? Não quer mais seus filhos, é isso?" (Chico Xavier)

Dona Maria respondeu que ia para o hospital. E disse uma frase que impressionou o menino: *"Se qualquer pessoa falar que morri, é mentira. Não acredite. Vou ficar quieta, dormindo, não responderei a ninguém, mas não vou morrer."* E, no dia seguinte a este diálogo, a 29 de setembro de 1915, ela morreu.

* * *

Na diáspora da família Xavier, Chico vai para a casa da madrinha, dona Maria Rita de Cássia, velha amiga de sua mãe. Ali começariam as atribulações do menino, que mais parecia um daqueles pequenos heróis de Dickens, cuja infância é curtida com os mais atrozes castigos e humilhações. Mas havia uma diferença. Ao contrário dos personagens do grande romancista inglês, em geral com um destino adulto medíocre, Chico estava destinado a altos voos:

tornar-se um professor de humildade e demonstrar que as manifestações do maravilhoso não são travessuras do capeta. Mas, para chegar até lá, precisava passar no vestibular do sofrimento. E dona Rita seria uma professora intransigente.

A qualquer pretexto, a vara de marmelo cantava no lombo do menino. Para pescoções, taponas e beliscões dispensavam-se pretextos. E, em sua crueldade, dona Rita inventava requintes dignos de um inquisidor. Um de seus caprichos consistia em enfiar garfos no ventre do garoto. O suplício durava horas. O sangue começava a escorrer. Chico soluçava, berrava, chorava, implorava. Mas a madrinha não lhe permitia retirar os garfos. Aos poucos, abriu-se uma imensa chaga na barriga. A dor impedia-o, às vezes, até de caminhar ao fundo do quintal, único lugar onde encontrava um pouco de paz. Além disso, via-se obrigado a usar uma camisola comprida de menina, chamada de mandrião, feita com pano de saco de farinha pintado de azul.

"Ao me levantar, pela manhã, eu não me animava a tomar café: ficava esperando a primeira surra do dia.

Depois, sim, tomava meu café com aquela alegria de já haver pago uma parcela."

E as surras vinham sempre acompanhadas do mesmo refrão:

"Esse menino está com o diabo no corpo."

Talvez para exorcizá-lo, dona Rita obrigava-o a longos jejuns. O sofrimento ia polindo o menino. Mas a capacidade de resistência de uma criança é limitada.

Um dia, angustiado e com o corpo marcado de vergões, Chico correu para o fundo do quintal. Ia refugiar-se à sombra amiga de velhas laranjeiras. Ali, começou a rezar. Pouco depois, viu dona Maria João ao seu lado. Lembrou-se das palavras da mãe, de que não ia morrer. E, com a lógica de seus cinco anos, não se surpreendeu.

"Quero ir embora daqui, mamãe. Só vivo apanhando..."

A mãe recomendou-lhe paciência:

"Quem não sofre não aprende a lutar."

"Minha madrinha diz que estou com o diabo no corpo..."

"Não se importe. Tudo passa e, se você tiver paciência, Jesus nos ajudará para ficarmos sempre juntos."

Depois desse dia, Chico nunca mais reclamou. E nem chorava. Suportava tudo calado, de olhos secos. Ante essa reação, que considerava ofensiva, dona Rita mudou o refrão. Agora, dizia:

"Chico é tão cínico que não chora nem mesmo a pescoção."

O menino defendia-se dessa acusação com um argumento escandaloso. Contava que, toda vez que suportava uma surra sem chorar, via sua mãe. A partir daí, passaram a chamá-lo de menino aluado.

Dona Rita criava também como filho adotivo um menino chamado Moacir, que nesta época andava lá pelos seus 12 anos de idade. Há muito ele tinha uma imensa ferida pustulenta e crônica na perna. Não havia remédio capaz de fazer sará-la.

Um dia, dona Rita resolveu recorrer aos préstimos de Ana Batista, uma antiga curandeira da localidade denominada Matuto (hoje Santo Antônio da Barra), nos arredores de Pedro Leopoldo.

Ana Batista examinou a ferida e, com sua sabença irretorquível, concluiu:

"Aqui só uma simpatia vai dar resultado."

"Como é essa simpatia?", indagou dona Rita.

Assumindo um ar ainda mais sério, a velha benzedeira ensinou:

"A ferida precisa ser lambida por uma criança, em jejum, durante três sextas-feiras seguidas."

A princípio, até dona Rita achou a ideia meio absurda. Mas logo concordou:

"Chico serve?"

"Chico é aquele menino aluado, que mora em sua casa? Serve sim."

Esse diálogo ocorreu numa quinta-feira, pela manhã. À tarde, Chico já sabia da estranha missão que lhe estava reservada para o dia seguinte. Ao se dirigir à sombra das bananeiras, onde costumava orar, encontrou o Espírito de sua mãe. Chorando, contou-lhe tudo.

"Você deve obedecer, meu filho."

"Então, devo lamber a ferida do Moacir?"

"É melhor lamber feridas do que causar aborrecimentos aos outros. Obedeça à sua madrinha."

"E isso vai sarar a perna do Moacir?"

"Não, pois não é remédio. Mas seja humilde, meu filho. Se você ajudar e lamber a ferida, nós faremos o remédio para a cura."

No dia seguinte, Chico iniciou a sua repugnante missão.

"Durante três sextas-feiras seguidas, em jejum, tive de fazer aquela coisa horrível. Fechava os olhos, pedia forças ao Espírito de mamãe e começava a lamber a perna do menino. Foi duro. Na hora, tive muita raiva da minha língua não ser maior, para com uma lambida só eu resolver o problema e acabar com o suplício. Felizmente, a danada da ferida começou a sarar na terceira sexta-feira, e não precisei mais fazer aquilo. E pedi à minha mãe para dar um jeito de ninguém mais ter ferida, pelo menos em Pedro Leopoldo."

Quando viu a perna do filho adotivo melhorar, dona Rita, pela primeira vez em dois anos, dirigiu-se a Chico de maneira carinhosa:

"Muito bem, Chico. Você obedeceu direitinho. Louvado seja Deus!"

E durante uma semana, o menino não apanhou. Mais alguns meses e ele estaria livre da tirania da madrinha.

"Dona Rita foi minha educadora."

* * *

Mas, como tudo, essa educação também chegou ao fim. Um dia, cansado da solidão, João Cândido resolveu casar-se de novo. Encontrou uma mulher excepcional, dona Cidália Batista. Tão excepcional que exigiu que o marido reunisse os filhos dispersos pelas casas dos parentes e amigos.

Quando voltou para casa, Chico encontrou dona Cidália de braços abertos. Encorajado, abraçou-a. A intimidade veio rápida. Mas Chico era uma criança estranha. Vivia falando de suas visões, contava como em sonhos se deslocava até lugares de paisagens muito diferentes das de Pedro Leopoldo. Mas a madrasta era mulher de grande coração, que escondia sob a sua simplicidade um espírito sagaz, carente apenas de instrução.

"Ela me disse que não entendia aquilo, mas acreditava em mim. E disse uma coisa de que não me esqueço: 'Olha, Chico, eu não entendo disso, ninguém entende, mas você é um menino inocente e está dizendo a verdade. Um dia, quem sabe?, vai aparecer alguém que o entenda e explique suas visões a as vozes que você ouve'."

Uma das primeiras providências de dona Cidália foi recomendar ao companheiro que matriculasse os filhos na escola. A situação, porém, não era fácil. João Cândido bem que gostaria. Mas o dinheiro, no fim do mês, mal dava para as necessidades domésticas. Como espichar os minguados trocados, a fim de que dessem para livros, cadernos, lápis, caneta?

Mulher inventiva, dona Cidália logo encontrou a solução. A casa tinha um daqueles amplos quintais dos bons tempos. Por que não plantar uma horta? Chico venderia os legumes e hortaliças na rua. Cada molho de couve, alface e almeirão, ou unidade de repolho, era vendido a tostão. Com o dinheiro arrecadado, os filhos de João Cândido poderiam adquirir os trens indispensáveis para frequentar a escola. E, de tostão em tostão, tinham juntado, em dezembro de 1918, 32 mil-réis.

Em janeiro do ano seguinte, graças à horta, Chico Xavier entrou no Grupo Escolar São José. Não foi aluno brilhante, chegando a repetir o quarto ano primário, se bem que por motivo de saúde. Mas seu relacionamento com o Além foi certamente o mais surpreendente.

Muitas vezes, durante as aulas, Chico ouvia vozes de Espíritos, ou sentia mãos sobre as suas, guiando-lhe os movimentos na escrita, sem que os demais alunos percebessem.

"Isso me criava muitos constrangimentos."

Em 1922, comemorou-se em todo o país o centenário da Independência. O governo de Minas Gerais instituiu diversos prêmios de redação para alunos da 4ª série primária. O assunto era livre, desde que pertencesse à história do Brasil.

Chico, então com 12 anos, cursava o 4º ano. A professora, dona Rosária Laranjeira, marcou data para a composição. Naquele dia, quando se preparava para iniciar a tarefa, Chico viu um homem ao seu lado, ditando-lhe o que deveria escrever. Assustado, indagou ao companheiro de banco se ele também estava vendo o homem. O menino negou, dizendo que aquilo era ilusão, consequência de sua preocupação. Enquanto isso, o homem ia ditando as frases de abertura do trabalho.

"Dona Rosária Laranjeira era católica fervorosa e começou a assustar-se com minhas composições."

Chico pediu, então, licença à professora. Levantou-se, aproximou-se do estrado sobre o qual ficava a cadeira de dona Rosária e lhe disse, em voz baixa:

"Dona Rosária, perto de mim está um homem, ditando o que devo escrever."

Mulher compreensiva, que *"tinha a virtude da caridade"*, segundo Chico, ela perguntou, também em voz baixa:

"O que o homem está mandando você escrever?"

Chico repetiu a frase: *"O Brasil, descoberto por Pedro Álvares Cabral, pode ser comparado ao mais precioso diamante do mundo, que logo passou a ser engastado na coroa portuguesa..."*

Admirada, mas tolerante, dona Rosária mandou-o sentar-se na carteira e concluir a prova. Não importava se o texto fosse ditado ou não por um homem invisível. O importante era concluí-lo.

Algumas semanas depois, a Secretaria de Educação de Minas divulgava os resultados do concurso, disputado por milhares de estudantes de todo o Estado: Chico Xavier recebera menção honrosa.

Os colegas começaram a espalhar o boato de que Chico havia copiado o trecho premiado de algum livro. Outros se recusavam a duvidar da sua honestidade. As opiniões dividiam-se. Havia os que acreditavam em seus dons, se não mediúnicos, pelo menos literários. Um dia, um colega desafiou-o: *"Já que sua prova fora ditada por uma pessoa do outro mundo, por que esse homem não reaparecia, dispondo-se a escrever a respeito de algum assunto proposto pelos próprios colegas?"*

No exato momento do desafio, Chico viu o Espírito, que se dizia pronto a escrever. Comunicado o fato à professora, dona Rosária hesitou. A pressão dos colegas no entanto, era irresistível. E ela concordou que Chico fosse ao quadro-negro e escrevesse diante de todos.

"Qual é o tema?", indagou um dos alunos. Uma

outra, cujo pai construía então uma casa, sugeriu que fosse areia. Todos riram, considerando a areia uma coisa desprezível. Mas o tema foi mantido.

Logo, Chico pôs-se a escrever no quadro-negro o que o Espírito ia lhe ditando: *"Meus filhos, ninguém escarneça da criação. O grão de areia é quase nada, mas parece uma estrela pequenina refletindo o sol de Deus..."*

("A composição foi escrita com muitas ideias que eu seria incapaz de conceber nos meus 12 anos de idade.")

A partir de então, dona Rosária proibiu que se fizesse qualquer comentário, na sala de aula, a respeito de pessoas invisíveis.

***

Com a normalização de sua vida afetiva e carinho de dona Cidália, Chico nunca mais viu o Espírito da mãe. Mas seu intercâmbio com o Além continuava muito ativo. À noite, o menino erguia-se da cama e punha-se a perambular pelo quarto. Num tom apaixonado, mantinha longos diálogos com interlocutores invisíveis. Pela manhã, narrava as inacreditáveis aventuras vividas no Além por parentes ou conhecidos mortos.

"Meu pai estava querendo internar-me num sanatório para enfermos mentais. Aconselhado por seus amigos, achava que o melhor era meter-me num hospício."

Dona Cidália, mais ponderada, aconselhou João Cândido a levar o menino ao Padre Sebastião Scarzelli. Esse missionário italiano, antigo vigário de Matozinhos, cidade próxima a Pedro Leopoldo, era tido como homem prudente e bondoso. A princípio, considerou tudo aquilo como extravagâncias. Fantasias da idade. E sugeriu que João impedisse o filho de ler jornais, livros ou revistas suspeitos. O menino devia estar impressionado com tais leituras. Os Espíritos não voltam do outro mundo.

Diante da sinceridade e convicção do menino, porém, Padre Scarzelli pareceu ter mudado de ideia.

"Ele me disse que eu era um menino lúcido que tinha visões. E que, ainda que não entendesse, considerava um absurdo me internarem."

A solução proposta pelo padre foi a melhor possível. A fábrica de tecidos de Pedro Leopoldo, atualmente pertencente à Cia. Industrial Belo Horizonte, tinha, então, vagas para meninos. Se ele fosse trabalhar lá, auxiliando no precário orçamento do pai, este não teria coragem de interná-lo.

"Fui trabalhar como tecelão. Entrava às três da tarde, saía à uma da madrugada. Dormia até às seis, ia para a escola, saía às onze. Almoçava, dormia uma hora depois do almoço, entrava de novo na fábrica. A poeira do algodão começou a sujar-me os pulmões. Após algum tempo, o médico recomendou que eu trocasse de emprego."

✳ ✳ ✳

Apesar desse regime duro, concluiu o curso primário em 1923. A professora Rosária Laranjeira, acreditando na potencialidade intelectual do rapaz, desejava levá-lo para Belo Horizonte. Propunha-se até a custear seus estudos na capital mineira. Mas João Cândido não concordou. Os minguados mil-réis que Chico ganhava eram indispensáveis ao orçamento doméstico. Sobretudo porque a família aumentava, pois além dos nove filhos do primeiro casamento, João Cândido foi pai seis vezes com dona Cidália.

Em 1925, ingressou no comércio. Primeiro, como

auxiliar de cozinha no Bar do Dove. Em seguida, na venda de José Felizardo Sobrinho. Rigor dos velhos tempos: das seis e meia da manhã às oito da noite, o rapazinho vivia na azáfama de pesar feijão, cortar linguiça, arrumar as prateleiras, varrer o chão. O salário era de 13 mil-réis. Tudo bem. A única contrariedade era servir bebida alcoólica.

"A minha tragédia era vender cachaça. O sujeito bebia, caía e eu tinha que carregar."

Para todo mundo, deixara de ser o menino aluado que conversava com Espíritos. Isso parecia coisa do passado. Puerilidades de um garoto extravagante. Agora, integrado na comunidade católica, tal como queriam seu pai e o Padre Scarzelli, obedecia rigidamente às recomendações que lhe eram impostas pela Igreja. Confessava, comungava, comparecia às missas, acompanhava procissões. O Espírito de dona Maria João nunca mais lhe aparecera.

* * *

Os fenômenos, porém, continuavam. Em maio de 1927 – Chico já era então um rapazinho – sua irmã mais nova, Maria da Conceição, caiu gravemente doente. Tinha violentos acessos de loucura. Os espíritas diziam que se tratava de um caso de obsessão. Graças a essa obsessão, a família Xavier começou a travar intimidade com o Espiritismo. Tratada por diversos médicos, a moça não apresentava nenhum sinal de melhora. Acabaram aceitando o oferecimento de um casal de médiuns, Hermínio e Carmen Perácio. Pouco depois, Maria da Conceição começou a dar mostras de recuperar a razão, vindo a ficar inteiramente curada. Na primeira sessão realizada em casa de João Cândido, estava reservada uma grata surpresa para Chico. Após uma ausência de sete anos, o Espírito de dona Maria João reapareceu. E, através da mediunidade grafológica de Carmen Perácio, dirigiu uma extensa mensagem ao marido e aos filhos, referindo-se de maneira particular a Chico. E comunicando-lhe os novos caminhos que ele deveria percorrer.

"... a meu ver, tive três períodos distintos em minha vida mediúnica. O primeiro, de completa incompreensão para mim, é aquele dos cinco anos de idade, quando via minha mãe desencarnada, a proteger-me, até os dezessete anos, época em que me via sob a influência

de entidades felizes e infelizes, até que a misericórdia do Senhor penetrou nossa casa, em maio de 1927."

No mês seguinte, os companheiros que participariam da reunião em casa da família Xavier decidiram fundar um Centro. Restava eleger um presidente. Todos pensaram em Perácio, mas ele morava a 100 quilômetros de Pedro Leopoldo. Foi então que um companheiro, de faces avermelhadas e eloquência inflamada, ofereceu-se para dirigir o Centro. Surgia o Centro Espírita Luís Gonzaga. Chico seria o secretário.

No dia seguinte à fundação, porém, acontecia a primeira surpresa. O irmão inflamado, de faces rubras, renunciava à presidência alegando sua condição de membro de uma família católica tradicional. Só então, os companheiros descobriram a razão de seu entusiasmo e de seu rubor: o renunciante havia se enchido de vinho.

Com a renúncia, José Cândido, irmão mais velho de Chico, assumiu a presidência do Centro. Pouco depois, Chico psicografaria sua primeira mensagem.

Na noite de 8 de julho de 1927, como acontecia todas as sextas-feiras, houve reunião no Centro Espírita

Luís Gonzaga. Tudo transcorria normalmente, quando dona Carmen Perácio, que presidia os trabalhos, comunicou a Chico que um Espírito gostaria de se comunicar através dele. Para tal, solicitava ao médium apanhar lápis e papel que se encontravam em cima da mesa. Ia testar a sua capacidade de psicografar.

"Obedeci ao conselho recebido e, de imediato, um amigo espiritual escreveu 17 páginas, usando a minha mão, com grande surpresa de minha parte, conquanto registrasse fenômenos mediúnicos em minha experiência pessoal desde a infância."

Todo aprendizado é um exercício de paciência e humildade. Chico sentiu isso quando as mensagens psicografadas começaram a se amiudar. O exercício era extenuante. O médium tinha de se amoldar, digamos, às mãos dos Espíritos. Pior do que carregar pedra.

Chico sentia como se um cinto de ferro fosse lhe comprimindo a cabeça aos poucos. O braço parecia se mineralizar, virar barra de ferro, pesado, mas arrastado por uma força muito grande. Ficava extenuado. O estado psicológico oscilava entre extremos de bom e mau humor. Haveria intervenção do subconsciente do médium nas mensagens recebidas? É possível. Tanto assim que, durante os quatro anos que durou a aprendizagem, os Espíritos não assinavam as mensagens.

Durante estes anos, Chico trabalhou firme no Centro Luís Gonzaga, então localizado em casa de seu irmão, José Cândido.

* * *

Aos poucos, Chico foi aperfeiçoando sua faculdade de psicografia. Numa reunião realizada em janeiro de 1929, no Centro Luís Gonzaga, dona Carmen Perácio teve uma visão simbólica da futura missão, como dizem os espíritas, de Chico.

"Afirmou nossa irmã que vira muitos livros em torno de mim, trazidos por amigos desencarnados. Eu não tinha qualquer pensamento a respeito do assunto..."

As mensagens psicográficas, porém, se multiplicavam. Em todas elas pregava-se o amor, a compreensão e a tolerância entre os homens. Chico sentiu-se então num dilema. Por que não divulgá-las? Mas publicá-las com o nome de quem? O médium sentia escrúpulos. Afinal, não se tratava de obras suas.

Em conversa com o irmão José Cândido e alguns amigos de Pedro Leopoldo, estes mostraram-se favoráveis à publicação. Mas, para dissipar as dúvidas, resolveram escrever para o Aurora, um jornal espírita do Rio de Janeiro, expondo o problema. Assinar ou não assinar? Inácio Bittencourt, diretor da publicação, respondeu que não via nenhum inconveniente em publicar aquelas páginas com o nome do médium. Ninguém poderia afirmar se eram ou não de Chico.

Foi a partir daí que o nome F. Xavier (como Chico assinava) começou a figurar em várias publicações, assinando sobretudo poesia. Seus trabalhos apareciam no Jornal das Moças e no Suplemento Literário de O Jornal, ambos do Rio de Janeiro, e no Almanaque de Lembranças Luso-Brasileiro, editado em Portugal.

* * *

O médium achava-se apto a sintonizar com os mais diversos tipos de sensibilidade. Foi então que o Espírito Emmanuel tornou-se seu guia. O primeiro encontro dos dois ocorreu em fins de 1931. Uma tarde, o médium descansava debaixo de uma árvore, próximo a um açude, na saída de Pedro Leopoldo, quando viu um

Espírito aproximar-se. Vestia uma túnica semelhante à dos padres, e indagou se ele, Chico, estava resolvido a utilizar sua mediunidade na difusão do Evangelho de Jesus. Chico assentiu, perguntando se Emmanuel o achava em condições.

"Perfeitamente. Desde que você procure respeitar os três pontos básicos para o serviço: 1º – disciplina; 2º – disciplina; 3º – disciplina."

Segundo Chico, a última encarnação de Emmanuel fora como o jesuíta Manoel da Nóbrega, um dos fundadores da cidade de São Paulo. Há dois mil anos, Emmanuel vivera em Roma. Chamava-se Publius Lêntulus e era senador. Pouco depois, reencarnou como escravo. Cristão, morreu na arena, dilacerado pelas feras, aos gritos de prazer da nobreza ociosa que cercava os césares.

"Desde que Emmanuel assumiu o comando de minhas faculdades, tudo ficou mais claro, mais firme. Ele apareceu em minha vida mediúnica assim como alguém que viesse completar a minha visão real da vida."

Neste mesmo ano de 1931, Chico psicografou o primeiro poema com a assinatura de um morto:

Casimiro Cunha. Seria praticamente impossível que o moço de Pedro Leopoldo conhecesse o poeta fluminense, àquela altura esquecido em sua própria terra. Cego desde os 16 anos, Casimiro Cunha (1880-1914) nascera, vivera e morrera em Vassouras.

Em seguida, foram surgindo poemas assinados por figuras da mais alta cotação na bolsa literária das letras brasileiras e portuguesas: Castro Alves, Alphonsus de Guimarães, Olavo Bilac, Antônio Nobre, Fagundes Varela, João de Deus, Guerra Junqueira, D. Pedro II, Raimundo Correa, Casimiro de Abreu, Júlio Diniz, Cruz e Souza e muitos outros.

* * *

No ano seguinte, 1932, Manuel Quintão, da Federação Espírita Brasileira, reuniu todas aquelas poesias em livro, com um título que, por si só, já era um achado e um chamariz: Parnaso de Além-Túmulo. A repercussão foi explosiva. Caíra uma bomba bem no meio da aldeia literária brasileira.

"Se Chico Xavier produziu tudo aquilo por conta própria, então ele merece ocupar quantas cadeiras quiser na Academia Brasileira de Letras." (Monteiro Lobato)

"Deve haver algo de divindade no fenômeno Francisco Xavier. O milagre de ressuscitar espiritualmente os mortos pela vivência psicográfica de inéditos poemas é prodígio que somente pode ocorrer na faixa do sobre-humano." (Menotti del Picchia)

* * *

Pouco depois, ingressava na antiga Inspetoria Regional do Serviço de Fomento da Produção Animal, órgão do Ministério da Agricultura, no cargo de auxiliar de serviço.

* * *

Gente de todo o país, inclusive do exterior, se desloca àquela perdida região das Gerais, desbravada séculos antes pelo bandeirante Fernão Dias Paes em sua busca de ouro. Os novos bandeirantes, espichados nas poltronas de seus carros ou sentados nos bancos dos velhos trens da Central, iam em busca de outro ouro, que o tempo não desgasta e o ladrão não rouba.

A responsabilidade de Chico aumentou. Para atender a todos, multiplicou-se. Nas sessões públicas, psicografava cerca de 700 receitas. A maioria delas, ditada pelo Espírito do médico Bezerra de Menezes. Todas prescrevendo tratamento homeopático. Sua psicografia apresentava fenômenos raríssimos, como a xenografia (escrever em idioma que o médium ignora) e a escrita invertida (mensagem escrita ao inverso, da direita para a esquerda, legível ao espelho ou contra a luz).

***

Os livros foram se sucedendo. Poucos escritores brasileiros conseguiam vender tanto quanto Chico. Mas ele não ficava com um centavo. Os direitos autorais integrais eram destinados às obras assistenciais da Federação Espírita e instituições de caridade.

Durante a psicografia, aconteciam fenômenos curiosos. Em julho de 1941, ao concluir a psicografia de Paulo e Estêvão, romance de Emmanuel, Chico dizia que *"os benfeitores espirituais me permitiram contemplar quadros do Mundo Espiritual"*.

O mesmo fenômeno se repetiria dois anos mais tarde, quando o médium psicografava Nosso Lar, atribuído ao Espírito de André Luiz. O livro, que conta a vida numa colônia de Espíritos próxima à Terra, é um dos grandes best-sellers de Chico.

Pois bem, em agosto de 1943, quando estava psicografando Nosso Lar, conta Chico que, em companhia dos Espíritos de Emmanuel e André Luiz, viajou até as regiões suburbanas do local descrito no livro.

"Esse acontecimento se deu, não por merecimento de minha parte, mas para que, em minha ignorância, eu não entravasse o trabalho de André Luiz por meu intermédio, de vez que eu estava sentindo muita perplexidade no início da psicografia do primeiro livro dele."

Entusiasmado com sua mediunidade, Chico Xavier decidiu estudar o fenômeno da psicografia em si mesmo. O médium achava que poderia prestar uma cooperação valiosa aos estudiosos. Durante algum tempo, ficou matutando sobre o assunto. Um dia, decidido a pôr logo mãos à obra, resolveu consultar seu guia.

"Perguntei a Emmanuel o que ele pensava. E ele me respondeu: 'Se a laranjeira quisesse estudar pormenorizadamente o que se passa com ela, na produção de laranjas, com certeza não produziria fruto algum. Não queremos dizer, com isso, que o estudo para assuntos de classificação em mediunidade deva ser desprezado.

Desejamos tão-só afirmar que, assim como as laranjeiras contam com pomicultores e botânicos que as definem, assim também os médiuns contam com autoridades humanas que os analisam pelo tipo de serviço que oferecem. Para nós, o que interessa agora é trabalhar."

* * *

Foi então que surgiu o convite do médico e médium Waldo Viera para se fixar em Uberaba.

Uberaba, cidade tradicionalmente católica, sede de bispado, já era uma velha conhecida do médium. A primeira vez que Chico a visitou foi em 1937, como integrante da comitiva do Dr. Rômulo Joviano, que levava àquela cidade planos para a construção de um parque, autorizado pelo então ministro da Agricultura, Dr. Fernando Costa. Muitas vezes voltaria a Uberaba, no cumprimento de suas funções, quando das exposições pecuárias, ali realizadas anualmente em maio.

Agora, neste início de 1959, Chico Xavier vinha para ficar. A acolhida não podia ser mais calorosa. Os amigos procuraram todos os meios para facilitar a adaptação do médium ao seu ambiente. Com sua humildade, Chico vai morar numa pequena casa. Pouco depois, começou a colaborar na construção da Comunhão Espírita Cristã.

* * *

Chico Xavier vivia em Uberaba, com a mesma simplicidade com que vivera quase meio século em Pedro Leopoldo, cumprindo rigorosamente suas obrigações mediúnicas e profissionais. Funcionário exemplar, nunca faltou ao serviço. Mas os problemas com os olhos começaram a se acentuar de maneira grave. E, em 1963, após 30 anos de serviços prestados como auxiliar de serviço na antiga Inspetoria Regional do Serviço de Fomento da Produção Animal, aposentava-se na categoria de escriturário, nível 8, por incapacidade.

Aposentado no Estado, manteve-se ativíssimo no serviço espiritual. Continuava psicografando madrugada adentro. Dessa forma, pôde manter a média de publicação de três livros por ano. Sem deixar de atender quem quer que fosse procurá-lo.

* * *

A cidade ganhava um novo motivo para comentários: os casos extraordinários do médium. Como o acontecido com dona Júlia Gomes de Oliveira. Na noite de 28 de junho de 1963, ela se apresentou na sessão da Comunhão Espírita Cristã. Pessoa inteiramente desconhecida em Uberaba, fora até lá em busca do consolo ou orientação para o momento trágico que passava.

Como de praxe, dona Júlia escreveu seu nome e idade numa folha de papel. Assim que pegou o papel, Chico começou a psicografar uma mensagem, assinada por Wilson de Oliveira. Tratava-se do filho de dona Júlia, que, um mês antes, morrera afogado numa represa. Ninguém ali sabia do drama daquela senhora, residente na cidade de Barretos, em São Paulo.

Em sua mensagem, Wilson procurava tranquilizar a mãe. Absolvia-a de qualquer culpa, coisa que preocupava bastante a mulher, pois fora ela quem convidara o filho a ir tomar banho na represa. O mais impressionante, porém, se deu com a assinatura que o Espírito do rapaz apôs ao pé da página. A letra era idêntica à de Wilson quando vivo, o que provocou um incontrolável acesso de choro em dona Júlia. Concluída a sessão, Elias Barbosa, médico e biógrafo de Chico, teve ocasião de comparar a assinatura psicografada com a existente na carteira de trabalho do rapaz, verificando a extrema semelhança entre ambas.

* * *

A um repórter que certa vez lhe indagou se gostava de rosas, Chico explicou:

"Os Espíritos me pediram que plantasse, ao redor da casa, um certo número de flores. Como gosto de rosas, plantei rosas. Os Espíritos explicam que as flores têm um corpo dinâmico que vai até ao perfume, embora só vejamos as pétalas. O perfume cria uma atmosfera balsâmica, propiciando mais recursos para a permanência dos Espíritos em nosso meio."

* * *

Além das rosas e de seus bichos, Chico quase nada possui. Gosta de andar a pé. Sua rotina inclui uma caminhada diária, de casa até a praça principal de Uberaba. Ali, no Bar 1001, toma um cafezinho. Na ótica ao lado, pára e conversa alguns minutos com o proprietário, seu Otávio. Em seguida, ruma para o Correio, em busca da correspondência – mais de 50 cartas por dia.

"Almoço ao meio-dia.

Refeição comum do interior do Brasil. Nas horas

*da tarde, ocupo-me da correspondência usual e em dati-
lografar as páginas escritas pelos Benfeitores Espirituais
por nosso intermédio. Isso, depois do trabalho com os
Amigos Espirituais, psicografando ou revendo com eles
as páginas de autoria deles mesmos, sempre com a assistência de Emmanuel. Aos domingos, dedico-me aos trabalhos de correspondência mais íntima. Durmo sempre
depois das duas horas da madrugada. Sem jantar. Deixei
de jantar quando completei 40 anos. E minha única noite de folga, aquela que dedico apenas ao descanso de meu
corpo, já doente, é a noite de domingo."*

Naquela época, Chico julgava que seria salvo mi-
lagrosamente, mediante uma intervenção cinematográ-
fica dos Espíritos. Ledo engano. Emmanuel advertiu-o
para as inevitáveis imperfeições do corpo, e recomendou-lhe que não menosprezasse a medicina, que *"está
no mundo em nome da Divina Providência"*.

O médium conformou-se. Conta-se que Zé Ari-
gó, lá pelos idos dos anos 60, quando se achava no auge,
ofereceu-se para operá-lo da vista. Chico teria se es-
quivado, delicadamente. Verdade ou não, o fato é que
Chico, ficou praticamente cego do olho esquerdo – su-

jeito a constantes sangramentos – e com apenas 50% de visão na vista direita. Mas o médium achava que todo esse sofrimento fora benéfico.

"Transcorridos tantos anos daquele diálogo com Emmanuel, agradeço ao Senhor a bendita doença que carrego nos olhos, sempre tratada por médicos amigos e por Amigos Espirituais, pois ela tem sido em todo esse tempo um agente providencial, induzindo-me à reflexão e ensinando-me a respeitar o sofrimento dos outros."

E a divina tarefa do médium Chico Xavier continuou sem que um precioso minuto fosse perdido, apesar de todas as suas dificuldades físicas, vindo a psicografar 412 obras, em mais de 25 milhões de exemplares, todas com os direitos autorais cedidos a entidades assistenciais. Ressaltamos, ainda, a sua incansável dedicação em benefício dos mais necessitados, atendendo, semanalmente, a centenas de pessoas na Vila dos Pássaros, com alimentos e palavras de conforto e esperança.

Francisco Cândido Xavier desencarnou em 30 de junho de 2002, deixando a todos um exemplo de vivência e amor ao próximo como um verdadeiro seguidor do Mestre Jesus.

Chico Xavier

IDE | Conhecimento e educação espírita

No ano de 1963, Francisco Cândido Xavier ofereceu a um grupo de voluntários o entusiasmo e a tarefa de fundarem um periódico para divulgação do Espiritismo. Nascia, então, o Instituto de Difusão Espírita - IDE, cujos nome e sigla foram também sugeridos por ele.

Assim, com a ajuda de muitas pessoas e da espiritualidade, o Instituto de Difusão Espírita se tornou uma entidade de utilidade pública, assistencial e sem fins lucrativos, fiel à sua finalidade de divulgar a Doutrina Espírita, por meio de livros, estudos e auxílio (material e espiritual).

Tendo como foco principal as obras básicas de Allan Kardec, a preços populares, a IDE Editora possui cerca de 300 títulos, muitos psicografados por Chico Xavier, divulgando-os em todo o Brasil e em várias partes do mundo.

Além da editora, o Instituto de Difusão Espírita também se desenvolveu em outras frentes de trabalho, tanto voltadas à assistência e promoção social, como o acolhimento de pessoas em situação de rua (albergue), alimentação às famílias em momento de vulnerabilidade social, quanto aos trabalhos de evangelização infantil, mocidade espírita, artes, cursos doutrinários e assistência espiritual.

Ao adquirir um livro da IDE Editora, além de conhecer a Doutrina Espírita e aplicá-la em seu desenvolvimento espiritual, o leitor também estará colaborando com a divulgação do Evangelho do Cristo e com os trabalhos assistenciais do Instituto de Difusão Espírita.

www.idelivraria.com.br

Fundamentos do
Espiritismo

1º Crê na existência de um único Deus, força criadora de todo o Universo, perfeita, justa, bondosa e misericordiosa, que deseja a felicidade a todas as Suas criaturas.

2º Crê na imortalidade do Espírito.

3º Crê na reencarnação como forma de o Espírito se aperfeiçoar, numa demonstração da justiça e da misericórdia de Deus, sempre oferecendo novas chances de Seus filhos evoluírem.

4º Crê que cada um de nós possui o livre-arbítrio de seus atos, sujeitando-se às leis de causa e efeito.

5º Crê que cada criatura possui o seu grau de evolução de acordo com o seu aprendizado moral diante das diversas oportunidades. E que ninguém deixará de evoluir em direção à felicidade, num tempo proporcional ao seu esforço e à sua vontade.

6º Crê na existência de infinitos mundos habitados, cada um em sintonia com os diversos graus de progresso moral do Espírito, condição essencial para que neles vivam, sempre em constante evolução.

7º Crê que a vida espiritual é a vida plena do Espírito: ela é eterna, sendo a vida corpórea transitória e passageira, para nosso aperfeiçoamento e aprendizagem. Acredita no relacionamento destes dois planos, material e espiritual, e, dessa forma, aprofunda-se na comunicação entre eles, através da mediunidade.

8º Crê na caridade como única forma de evoluir e de ser feliz, de acordo com um dos mais profundos ensinamentos de Jesus: "Amar o próximo como a si mesmo".

9º Crê que o espírita tenha de ser, acima de tudo, Cristão, divulgando o Evangelho de Jesus por meio do silencioso exemplo pessoal.

10º O Espiritismo é uma Ciência, posto que a utiliza para comprovar o que ensina; é uma Filosofia porque nada impõe, permitindo que os homens analisem e raciocinem, e, principalmente, é uma Religião porque crê em Deus, e em Jesus como caminho seguro para a evolução e transformação moral.

Para conhecer mais sobre a Doutrina Espírita, leia as Obras Básicas, de Allan Kardec.

www.idelivraria.com.br

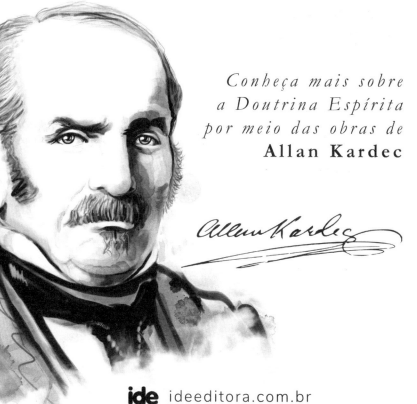

idelivraria.com.br

Pratique o "Evangelho no Lar"

Aponte a câmera do celular e faça download do roteiro do **Evangelho no lar**

Ide editora é nome fantasia do Instituto de Difusão Espírita, entidade sem fins lucrativos.

📷 ideeditora   f ide.editora   🐦 ideeditora

◀◀ DISTRIBUIÇÃO EXCLUSIVA ▶▶

📍
Av. Porto Ferreira, 1031 | Parque Iracema
CEP 15809-020 | Catanduva-SP
📞 17 3531.4444   💬 17 99257.5523

📷 boanovaed
▶ boanovaeditora
f boanovaed
🌐 www.boanova.net
✉ boanova@boanova.net

Fale pelo whatsapp

Acesse nossa loja